노을이 지면 네가 떠올라서

노을이 지면 네가 떠올라서

초판 1쇄 발행 2025년 7월 25일
　　2쇄 발행 2025년 11월 6일

지은이 최은비
펴낸이 장현수
펴낸곳 메이킹북스
출판등록 제 2019-000010호

디자인 홍규선
편집 홍규선
교정 안지은
마케팅 김소형

주소 서울특별시 구로구 경인로 661, 핀포인트타워 912-914호
전화 02-2135-5086
팩스 02-2135-5087
이메일 making_books@naver.com
홈페이지 www.makingbooks.co.kr

ISBN 979-11-6791-724-9(03810)
값 13,000원

ⓒ 최은비 2025 Printed in Korea

잘못된 책은 구입하신 곳에서 바꾸어 드립니다.
이 책의 전부 또는 일부 내용을 재사용하려면 사전에 저작권자와 펴낸곳의 동의를 받아야 합니다.

홈페이지 바로가기

메이킹북스는 저자님의 소중한 투고 원고를 기다립니다.
출간에 대한 관심이 있으신 분은 making_books@naver.com로 보내 주세요.

노을이 지면 네가 떠올라서

최은비

메이킹북스

시인의 말

시선이 머문 자리
그곳은 기록이 되고
시가 되었습니다

차례

시인의 말   5

제1부 노을이 지면 네가 떠올라서

노을이 지면 네가 떠올라서	14
나의 말이 들리지 않는 너에게	15
그 시절에 함께할 수 있어서	16
비가 내리는 날이면	17
나는 여전히 너를 원하는데	18
사랑이기를	19
서로의 계절	20
그럼에도, 미련이 남는 것은	22
언제나 그렇듯이	23
우리라는 이름을 쓸 수 있다면	24
지운다 해도 지울 수 없는	25
나를 떠나려는 그에게	26
혼자 남은 이유	27
우리만의 숲에서	28
나를 아프게 만드는 것들	29

어리석은 나예요	31
그래도, 돌아와 주기를	32
슬픔 속에 네가 살아서	34
그날 너에게 하지 못한 말	35
미안하단 말만 남긴 채	37
잠시나마 내게 와줘서	38
너의 세상은 이미 아름다워	39
이유 없이 눈물이 흘러	40
너라는 빛에 숨었을 때	41
너를 잊고 나를 찾는다는 것	42
어떤 별에 소원을 빌면	43
잠시 나를 만나고 가줄래요	44
이제 안녕	45

제2부 누구를 위한 낭만인가

시작	48
텔레파시란 이런 걸까요	49
첫 페이지에 그리는 봄빛	50
따스했을까, 그 봄	51
마음이 자꾸 웃어요	52
괜찮다고 말하지 않아도	53
짧은 편지	54
그때, 사랑이 스며들었어	55
물들다, 말없이	56
조용히 쌓이는 그리움 위로	57
다시 스치고 싶다	58
나비의 날갯짓	59
누구를 위한 낭만인가	60
감정의 잎사귀가 바람에 흔들리듯	61
이방인	62

빛바랜 흔적	64
잠들지 않은 청춘	65
침묵의 정원	66
꽃 피는 줄도 모르고	67
곧 멀어질 것들에 대하여	68
부서진 조각상	70
너 없는 자리	71
어디에서 내려야 할까	74
11월의 봄	75

제3부 이 밤을 놓지 말아요

그래도, 우리	80
비 오는 날의 쓸쓸함	81
재회	83
오히려, 다행	85
비 오는 날의 거리	87
그건, 사랑이었다	88
우리만 기억하는 계절	90
어쩌면 우리는	91
시간을 멈춘다는 건	92
마음의 끝에 남은 것	94
나무	96
후유증	97
이 밤을 놓지 말아요	99
너라는 하루	101
기다렸더니 왔네요, 봄	103

다 알고 있어요	**104**
천천히, 봄처럼	**105**
돌아보니 남은 건 애틋함	**106**
지나가는 바람마저 노래한다	**108**
기다림이 당신에게 닿으면	**109**
시를 쓰는 밤	**111**
나에게 완벽한 하루	**112**
여전히 기다림 끝에 서 있다면	**114**
작별을 건넵니다	**115**

제1부

노을이 지면 네가 떠올라서

나는 여전히
너의 시간을 살고 있었다

노을이 지면 네가 떠올라서

몽마르트르 언덕에 노을이 질 때마다
너와 했던 약속을 떠올려

네가 보고 싶어
바람이 머무는 곳마다
네 이름을 숨겼는데

한편으론
노을이 지는 게 밉다
네가 너무 보고 싶어
미워지는 밤이 있어서

기다림은 이렇게
아름답고도 잔인하며
너는 노을이 되고
나는 어둠이 되어간다

나의 말이 들리지 않는 너에게

하고 싶은 말이 많아
나는 시를 쓴다
네게 가닿지 않을 걸 알면서도
혼잣말처럼, 독백처럼
내 말은 너에게 들리지 않고
너의 침묵은 내게 너무 선명해서

나는 다시,
시를 쓴다
이 시가 네 마음을
단 한순간이라도 움직인다면
그것만으로 나는 충분하다

너의 마음,
그 마음 하나만으로도
내게는 충분하니까

그 시절에 함께할 수 있어서

지나고 보니 우리는
그 시절만 함께할 인연이었는데

그런 줄도 모르고
나는 모든 걸 바쳤다

그래도 한때는
영원이라 믿었던
너를, 그리고 나를

지금은
한없이 순수했던
그 시절의 나를

나는 안아준다

비가 내리는 날이면

다시는
당신을 볼 수 없다는 걸 알기에
걸음이 쉽게 떨어지지 않지만
그래도 마지막은
웃는 얼굴로 보내줄게요

우산 너머로
흐릿한 뒷모습만 남았어요

미워도
미워하지 않을게요
당신과 함께한 비의 기억조차
고이 접어 마음속에 넣어둘게요

잘 가요
정말, 잘 가요

나는 여전히 너를 원하는데

나에겐 좋은 기억이
너에겐 다르게 기억된다는 사실이 슬프다

내게서 먼저 멀어진 너는
이제 나를 기억할 필요도 없겠지

필요에 의해 다가왔다가
필요가 없어 멀어진다

그런 너를
나는 여전히 원한다

사랑이기를

당신이 그리워 시를 읽다가
당신이 그리워 시를 씁니다

어떤 날은 한 글자도 쓰지 못하고
함께한 기억만 멍하니 떠올립니다

오늘도 기도해 봅니다
이 마음이 나만의 것이 아니기를

당신도 어딘가에서
같은 그리움으로 나를 떠올리기를

그리고 다시, 기도해 봅니다
나와 마찬가지로 사랑이기를

서로의 계절

그때
조금만 더 다정했더라면

계절이 바뀌는 줄도 모르고
마음이 멀어지는 소리에도
귀 기울이지 못한 채

우리는
오늘도 함께일 거라 믿었죠

너무 익숙한 것들에
감사를 잊었고
너무 가까운 사이였기에
말하지 않아도 괜찮을 줄 알았어요

하지만 결국,
그 당연함들이
우리를 서서히 어긋나게 했네요

이제 와 생각해요
그때 조금만 더,
당신을 바라봐줄걸, 하고요

그럼에도, 미련이 남는 것은

할 수 있는 건
모두 다 해보았음에도
그럼에도 불구하고
미련이 남는 것은

함께했던 그 모든 순간이
아직도 따뜻한 기억으로
내 안에 머물러 있기 때문인가 보다

그날의 온도
부드럽게 감싸던 햇살

어색하다며 고개를 돌리다
결국 함께 찍었던 사진
하루 끝에 항구를 물들이던 노을까지

지나고 보면 그 모든 것이
참 아름다웠다

언제나 그렇듯이

그리움과 이별은 언제나 그렇듯이
내게는 너무나 당연하게 찾아와서

사랑에 설레는 순간보다
한참을 더 오래 머문다

여느 때처럼
그리움은 익숙한 얼굴로 찾아와
익숙한 슬픔으로 머물고

이제는 더 이상 사랑이 아닌
이별에 더 익숙해진 것 같아
그게 참 슬프다

언제나 그렇듯이

우리라는 이름을 쓸 수 있다면

일부러라도 만들기 위해
나는 원을 더 가까이 그린다

가까이, 더 가까이 다가가다 보면
언젠가 겹쳐지는 날이 오겠지

나의 선이
너의 선을 건드리는 순간
우리는 교집합이 된다

겹쳐진 그곳에
우리라는 이름을 써 보고 싶다

지운다 해도 지울 수 없는

아무리 노력해도
나는 잊을 수가 없어요

사진을 지우고 또 지우고
사진첩에서 사진이 사라지면
마음도 함께 사라질 줄 알았어요

하지만
지운다 해도 지울 수 없는 게 있네요

이 밤,
미처 지우지 못한 사진을 발견하고
또 눈물을 흘리는 나예요

오늘 밤만큼은
오늘 밤만큼은
잊고 싶지 않은 나를
조금은 이해해 주세요

나를 떠나려는 그에게

나는 아직 너의 걸음에
마음을 맞추고 있는데

너는 어느새
그 걸음을 잊은 듯
조금씩 앞서 걷는다

그럴 리가 없다며
애써 외면하며
그래도 한 걸음
뒤따라 걷는 나는

끝내 하지 못한 말을
가슴 깊이 묻는다

혼자 남은 이유

기다림이란
텅 빈 의자 하나를 곁에 두고
이미 떠난 사람과
끝없이 대화를 나누는 것

네가 없는 하루가 쌓일수록
네가 머물던 순간은 점점
짙고 깊게 파고들어
벗어날 수 없는 그림자를 만든다

너를 지우고 나면
나조차도 사라질 것 같아서
홀로 남아 너를 기다린다

우리만의 숲에서

해 질 녘
저 멀리 붉게 번지던 노을은

우리의 하루가
추억이 되었을 때
더욱 아름답게 물들었다

그리고 나는
그 노을 속에서
기다리기로 했다

다시 만날 수 없다 해도
그때 그 공원
우리만의 숲에서

함께했던
하카타의 모든 날들을
언젠가 다시 이야기할 수 있기를

나를 아프게 만드는 것들

어떤 음악은 전주만 나와도
묻어둔 감정이 일렁인다
우리만의 노래
이제는 끝나버린 그 노래

가사를 한 글자 한 글자 되짚으며
함께한 날들을 떠올린다
그 모든 순간들이
이제는 나를 아프게 만든다

그때의 미소, 그때의 말
차갑게 지나가는 시간 속에서
모든 것들이 흐려지고
내 마음은 점점 더 차가워진다

너는 이미 떠났지만
이 노래는 여전히 나를 붙잡고
나는 아직 그곳에 머물러 있다

아직도 그리워하며
아직도 아파하고 있다

어리석은 나예요

새로운 사람을 만나면
잊히는 거라 했는데
방심한 틈에 찾아와
나를 또 울려요

어설프게 잊은 줄 알고
다시 시작해보려 했던 나
참 바보 같죠

그렇게 사랑에 데이고도
또 사랑을 믿겠다 말한 내가
그런 내가 참 어리석죠

상처받을 걸 알면서도
너를 떠올리는 나니까요
그런 내가 참 어리석어
내 잘못이 아니라는 걸 알면서도
결국 내 탓을 하고 마는 나예요

그래도, 돌아와 주기를

서툴렀던 나를 또 탓한다
너무 먼저 마음을 다 내어준 것
그게 너를 떠나게 한 건 아닐까

다른 이가 좋다며
아무렇지 않게 등을 돌린 너를
무엇이 그리 그립다고
또 이 밤을 눈물로 적신다

미안하다는 말 한마디면
다시 너를 품을 수 있을지도
한 점의 후회만 품고 와도
나는 또 그 자리에 서 있을지도 모른다

너를 기다리는 이 마음이
더 미련한지도 모르겠지만
나는 아직도 그날의 너를 기다린다

그래도, 그래도
돌아와 주기를

슬픔 속에 네가 살아서

이 그리움 이 슬픔
차마 놓지 못하는 이유는
그래도 슬픔 속엔 네가 살고 있으니까

그래서일까
나는 오늘도 슬픔에 머물고 싶다

떠난 너를 기억할 수 있는 유일한 방법
내가 이 슬픔을 잊지 않는 것
그것뿐이니까

그날 너에게 하지 못한 말

내겐 너무 벅찬 행복이라서
감히 닿을 수 없는 별빛 같아
한 번쯤은 나에게도 허락될 줄 알았는데
울다가 웃는 거 생각보다 쉽더라

너를 생각하면 눈물이 흐르다가도
함께 웃던 그날의 온기가
아직 남아 있어 이내 미소 짓고 말지

그렇게 또다시
웃음에 잠식된 눈물이 흐르고
희미해질수록 선명해지는 너라는 흔적

차마 너에게 닿지 못하고
머금은 채 남겨진 말들이
오늘도 내 마음을 서성인다

겪어보지 않은 너는 모르겠지만
나는 그렇게 여전히
울다가 웃다가를 반복한다

미안하단 말만 남긴 채

잘 가라는 말 끝에 숨어 있던
가지 말라는 나의 진심
미안하다며 건넨 그 손을 잡으며
이젠 정말 끝이라는 걸 체감한다

문은 조용히 닫혀 버리고
너는 말없이 사라져 버려
그 자리에 얼어붙은 나는
말 한마디도 꺼내지 못한다

붙어 지내던 좁은 방 안에
적막만이 흐르고
친구라도 될걸 그랬지
모른 척하면 달라졌을까

너의 시간 속에 홀로 갇혀
조용히 추억을 꺼내 본다
시가 되어 버린 그 순간들
이 마음 대신 울려 퍼진다

잠시나마 내게 와줘서

흘러가는 시간을 물결 삼아
저녁빛이 창가를 스치듯 당신이 머물렀죠
찰나의 머무름이었어도, 내 하루는
은빛으로 번져 파도처럼 반짝였어요

이름만 불러도 가슴이 은은히 울리는
그리움이란 향이 되어 밤마다 피어나요
달빛 아래 떨리는 나뭇잎처럼
당신을 기다리는 마음은 고요히 흔들리죠

삶의 어떤 공허함마저
잔잔한 파도 위에 남길 수 있어 고마워요
잠시나마 내게 와줘서 참 고마웠어요

너의 세상은 이미 아름다워

너의 세상은 이미 아름다워
그래서 내가 끼어들 틈이 없네

사람들은 너무나도 행복해 보이고
함께 걷던 거리를 혼자 걷는 나는
왜 이리도 초라한지

나에겐 너를 떠나보낼 시간을 주지 않고
준비조차 못한 채 멀어져 버린 너를
이다지도 속절없이 뒷모습만 바라보네

너의 세상은 이미 아름다워
내가 끼어들 틈이 없네

이유 없이 눈물이 흘러

묵묵히 하루를 살아내고 있었는데
어디선가 들려오는 노래에
세상이 잠깐 멈춘 듯
아무 이유 없이 눈물이 흘러

붙잡을수록 멀어진다는 걸 알기에
차마 손을 뻗지 못했던 나
그건 잘한 일이었을까

그러다 문득
어디선가 들려오는 너의 속삭임

내 안에 묻은 기억들
애써 감춰둔 기억들이
잠든 나를 깨우기 시작한다

너라는 빛에 숨었을 때

삶의 그림자를 피해 숨을 곳을 찾다
너라는 빛 뒤에 몸을 숨긴 순간
사랑이 아닌 도피로 첫발을 내디뎠죠

시작부터 어긋났던 우리
걸음마다 나는 나에게서
멀어지고 있었다는 걸

이제야 알았어요
내게 유일한 해답이라 생각했던 희망,
그 희망은 타인에게서 빌리는 것이 아니라
내 안에서 길어 올려야 한다는 걸

너를 잊고 나를 찾는다는 것

그게 참 어렵다
생각보다 쉽지 않다

머리로는 너를 놓아야 한다는 걸
너를 잊어야 한다는 걸 알면서도
내 뜻대로 되지 않는다

떠나간 이를 놓아주는 것도
사랑이라 배웠는데 내가 참 모자라서
내 마음이 그리 쉽게 너를 보내지 못한다

사랑의 끝이자 이별의 끝이기도 한
너를 잊고 나를 찾는다는 것
나는 그게 참 어렵다

어떤 별에 소원을 빌면

어떤 별에 소원을 빌면
그대를 다시 만날 수 있을까요

어떻게 하면
그대를 다시 만날 수 있을까요

다른 별을 찾아 떠난 그대를
어떤 별에 소원을 빌면
다시 만날 수 있을까요

최선을 다해도 닿을 수 없는 것
별들도 나를 애처롭게 바라봐요

들어주지 못할 소원이라는 걸
나만 알고 있다 생각했는데
별들도 알고 있었네요
알면서도, 모른 척 빛나고 있었네요

잠시 나를 만나고 가줄래요

여전히 잘 지내는지
거리를 거닐다
떨어지는 가을 낙엽에 물어봅니다

멀지 않다면 잠시 나를 만나고 가줄래요

이제 안녕

여기까지 오는 길
나에게도 결코 쉽지 않았다
이미 너는 떠났고
나는 남겨졌지만

이제는 너를 놓아주는 것으로
내 마음의 끝을 맺으려 한다

사랑하는 동안
최선을 다했기에
이제 미련 없이 너를 보내며

후회는 없다
그러니 이제 안녕

제2부

누구를 위한 낭만인가

잊히는 법도,
살아가는 법도 모르던 시절의 우리에게

시작

누군가의 말 한마디에
하루 종일 웃음이 새어 나온다

생각만 해도 저절로 입꼬리가 올라가고
즐거운 상상으로 가득 찬다

이제, 시작해도 되는 걸까

서툴지만 조금은 수줍은 마음으로
천천히 마음의 문을 열어보기로 한다

텔레파시란 이런 걸까요

서로 다른 공간에서
같은 하늘을 올려다보고
같은 빛깔의 순간을 담아내고

서로 알지 못한 채로도
우리의 마음이 어딘가 닿았나 봐요

말하지 않아도
서로를 알아보듯

텔레파시가 있다면
아마 이런 걸까요

서로의 하늘 끝에서
가만히 마주쳤던 순간처럼

첫 페이지에 그리는 봄빛

햇살 한 줄이 문을 열면
마음은 하얀 노트처럼 설렌다
바람이 연두색 문장을 적어 내려가면
그대 눈빛엔 꽃잎이 이름을 남기고

아직은 서툴지만
시작하는 우리에게 불어오는 봄바람

오늘부터, 사랑은
새벽보다 먼저 깨어나
우리라는 날씨를 맑음으로 예보합니다

따스했을까, 그 봄

어느 쪽에는 햇살이 있고
다른 쪽에는 그림자가 있다

창문 틈으로
살며시 드리운 옅은 그림자

왠지 모르게
그 모습이 사랑스럽다
괜스레 미소가 지어진다

나도 모르게 스며들고 싶은 햇살
3월의 타이베이, 그 봄

마음이 자꾸 웃어요

별거 아닌 일에도 자꾸 웃고
문득 생각나 또 미소 짓죠
사랑에 빠지면 마음이 자꾸 웃어요

만나기 전에는 걱정이 앞서다가도
막상 만나고 나면
불안은 온데간데없고
가슴엔 온통 설렘만 피어나요

사랑을 하면
마음이 자꾸만 웃어요
그대가 있어 나는 행복을 배워요

괜찮다고 말하지 않아도

기분이 너무 좋아서
더는 말하지 않아도 괜찮다

꾸미지 않아도
충분한 하루

하얀 구름처럼
부드럽게 흘러가고
햇살처럼
따뜻하게 스며든다

하늘색 하늘에
하얀색 마음을 겹쳐
오늘 하루를 덮고 싶은 날

밤나무 위에
꽃이 핀다
아무도 모르게

짧은 편지

어차피 어제가 되어 사라진다면
짧은 편지 한 장이라도 남겨
나를 잊지 말라고 말하고 싶다

언젠가 사랑이 변하고
마음에 틈이 생겨
조금씩 내가 너에게서 새어나가고
어느 날 새로운 온기가
너의 마음을 데운다면

나는 다시 짧은 편지라도 남겨
나를 잊지 말라고 말하고 싶다

마침표를 찍는 그 순간의 내 마음을
네가 알아주기를 바란다
말하지 못했던 마음을 대신하는
그 조용한 마침표 하나를,
네가 눈치채주기를

그때, 사랑이 스며들었어

오늘의 가장 멋진 장면을
너와 함께 만들고 싶다

예민했던 나의 하루를
부드럽게 감싸주는 공간에서

오늘의 감성이 천천히 스며들어
내일 아침에도 마음에 계속 남아 있다면
그땐 그게 인연인 것을

그게 바로 사랑이라는 것을

물들다, 말없이

떠난 사람에게 매일같이 말을 걸었다면
그 모든 대답 없는 순간
나에겐 오래도록 마음속을 물들였던 이야기

당신에게 끝내 건네지 못했던 말들을
이렇게 종이 위에 놓아두고 갑니다

조용히 쌓이는 그리움 위로

가을이 왔다고 알려주는 커다란 은행나무 아래
어딘가 쓸쓸해 보이는 벤치에 앉아
무수히 떨어진 노란 은행잎을 바라보고 있노라면
그대를 그리워하는 만큼이나 쌓여가는 잎들로
이젠 길조차 보이지 않습니다
그렇게 쌓여가는 그리움 위로
조용히 한 마리 길고양이가 지나갑니다

그대는 오지 않고 고양이 한 마리만이
내 앞을 스쳐갑니다
내가 머문 이 자리는
가을이면 낙엽이, 겨울엔 눈이 쌓여
내가 있었다는 흔적조차 남지 않겠지요

나는 그대에게 어떤 의미였을까요
그 답을 알 수 없음에도
오늘도 하염없이 기다립니다
오지 않을 걸 알면서도,
대답 없는 길고양이에게 조용히 혼잣말을 흘려보냅니다

다시 스치고 싶다

옷깃만 스쳐도 인연이라 했다
그런데 우리는 더 이상
스칠 옷깃조차 남지 않았다

모질게 떠난 사람을
나는 아직 놓지 못한 채
스치지도 못할 너를 향해
끝내 돌아와 주기를 바라고 있다

손끝만 살짝 닿아도 설레던 우리가
이토록 낯선 거리가 되어버린 지금

나는 여전히 기다린다
너의 옷깃이 다시
내 곁을 스쳐 지나가 주기를

나비의 날갯짓

언제나 내게 와서
깊은 물음을 던지고는
답을 알려주지 않은 채 떠난다

종이의 구김 나비의 날갯짓
덧없는 흔적만 남긴 채
어떤 물음을 나에게 던진 것인가

고요와 적막이 그 자리에 앉아
말없이 나를 바라본다

텅 빈 방
온기마저 사라진 방

누구를 위한 낭만인가

누구를 위해 웃어야 했나
낭만, 아 그것은 과연 누구를 위한 낭만인가

모래사장 위에 부서진 조개껍질
파도에 덮여 지워져 버린 글씨
어설프게 쌓아 올려 무너진 모래성

낭만, 아 그것은 과연 누구를 위한 낭만인가

감정의 잎사귀가 바람에 흔들리듯

차오르는 감정을 차마 나는 입 밖으로 꺼내지 못하고
감정의 잎사귀가 바람에 흔들리듯
내 마음도 자꾸만 흔들리는데
그저 다행이라는 말로 내 마음을 간신히 숨겨본다

이방인

낯선 이들 사이
익숙했던 나조차 어딘가 낯설다
나는 도대체 어디로 향하고 있는가

이곳은 정지한 시간 속
누구도 움직이지 않는 공간에서
나 홀로 떠도는 존재처럼
모든 것이 멈춘 듯하다

두리번거리며 나의 길을 묻지만
그 길은 어디에도 보이지 않으며
그 대답은 차가운 공기 속에 흩어져 사라진다

무언가에 쫓기듯
내 발걸음은 점점 더 빨라지지만
저 멀리 태양이
그 뜨거운 시선으로 나를 붙잡고 있어
나는 좀처럼 앞으로 나아갈 수가 없다

흩어지는 의식 속
나는 나를 찾아 헤매는 그림자일 뿐
삶의 끝없는 속도와 방향 속에서
나는 누구인가
나는 어디로 가는가

그 누구도 대답할 수 없는 이 고백 속에
나는 이방인으로 남게 될 것이다

빛바랜 흔적

지나온 계절의 그림자 아래
우리의 빛은 푸르게 바랬다
꿈은 늘 저만치 아득히 있고
손을 뻗을수록 멀어지는 환상처럼

청춘의 길목에서
길 잃은 감정들이 뒤섞이고
닿지 못한 갈망만이 소리 없이 쌓여간다

간절함은 이토록 가벼운데
후회는 왜 이리도 무거운지
우리가 남긴 흔적들은 바람이 되어 흐트러지고

되돌아보면 너무도 고요했던
찬란하되 아픈 계절
우리의 청춘은 그렇게 지워지지 않는 얼룩으로 남았다

잠들지 않은 청춘

가장 푸른 잎들이 싱그럽게 흔들리던 날
눈부신 햇살 사이로 어지럽던 마음이
따스히 내려앉는 그때, 우리는 만나리

꿈처럼 스쳐 지나던 바람 한 조각에도
그대 숨결이 머물던 추억의 끝자락에
빛바랜 청춘이 아름답게 머물러 있듯

낭만이 푸르게 물드는 달빛 아래
끝내 다하지 못한 말들이 피어나고
눈물겹게 빛나는 별 하나 가슴에 품은 채

우리는 다시 만나리
언젠가 다시 만나리

침묵의 정원

고요한 정원에 발을 디디면
고독의 뿌리가 깊이 얽혀 있다
너를 품고 피어난 그리움은
향기조차 없는 꽃으로 흔들린다

네 이름을 함부로 부르지 않고
달빛이 하얗게 배어드는 밤
가슴은 고요히 떨리며
침묵 속에 더 깊이 너를 담는다

사랑이란 말조차 사치스러워
너의 존재를 그저 숨겨둔 채로
이루지 못할 꿈처럼 아득하게
멀리서 너의 그림자를 바라보며

말없는 정원에서 나는 오늘도
홀로 조용히 너를 가꾼다
언젠가 시들 것을 알면서도
이 지독한 아름다움을 멈추지 못하고

꽃 피는 줄도 모르고

꽃 피는 줄도 모르고
지고 있는 목련을 바라본다

이미 흘러간 시간을
그리워한들 무엇하나 싶다가도

희미해지는 꽃잎 위로
끝내 다하지 못한 마음이
하얗게 남아 사라진다

그렇게 계절은 또 한 번
바람처럼 지나간다

곧 멀어질 것들에 대하여

곧 멀어질 것들에 대한 기억
자작나무와 벤치, 호수
나무가 자라는 동안 시간이 걸렸겠지
우리도 시간이 지나면 함께할 수 있을까

나란히 앉아 발을 동동거리는
그 순간만큼은
우리는 소년 소녀

지금은 벤치만이 자리를 지킨다
너의 온기는 자작나무 그림자 너머에 남아 있을까

자작나무는 계절을 몇 번이나 지났고
호수는 여전히 묵묵하다

네가 웃던 얼굴이
시간 속 어딘가에 가만히 남는다
잊지 않아도, 잊히지 않는 장면처럼

그때, 아주 짧았지만
진심이었던 시간이 있었다
우리가 함께였던
그 여름의 그림자 아래

부서진 조각상

목이 꺾인 조각상
고개를 떨군 채
땅을 바라본다

초록색 화살표를 따라
발걸음을 옮겨보지만
이 길의 끝은 어디일까

부서진 조각상처럼
나는 여전히
갈피를 잡지 못한 채
멈춰 있다

너 없는 자리

1

다리 아래 또 다른 다리가 있다
사람이 지나가고, 반대편에서 또 한 사람이 건너온다

다리 끝에는 세 갈래 길이 나 있다
너라면, 어느 쪽을 택할까
너 없는 이 자리에, 나는 오늘도 너에게 묻는다

이 다리는 숲이 주인인 것만 같다
우거진 수풀, 늘어진 버드나무 사이로
나는 또 길을 찾아 떠난다

2

신호등은 32초를 남겼다
그 안에 건너야 한다고
삶은 자꾸만 재촉한다

내가 가야 할 길은 멀기만 한데
내 인생은 얼마나 남았을까
알 수 없단 걸 알면서도
나는 자꾸 묻는다

3

반대편에서 자전거를 탄 여자가 달려온다
저 여자는 아마도 32초 만에
횡단보도를 건널 수 있을 것이다

보라색과 자주빛, 까만색이 섞인 체크무늬 옷을 입은
두 사람이 나란히 지나간다
색과 그림자가 교차하며
시간도 그렇게 스쳐 간다

4

다음 신호등이 나를 반긴다
그대, 나에게 더는 묻지 않는다는 건
암묵적 거리두기라는 걸 나는 안다

사진을 찍는다
전깃줄에 가려진 구축아파트를
언젠가 방해라 여겼던 그 전깃줄마저
이젠 하나의 감각이 되어버렸다

해는 기울고 하루는 저물어 간다
띠나기 싫지만
이상하게 두렵지는 않다

어디에서 내려야 할까

1-1, 8-4에서 내려야 했는데
왜인지 5-5에서 타고 말았다

가운데 서서 양쪽을 번갈아 본다
어디서 내려도 결국은 비슷한 길일까

지금 내리는 게 맞을까
아니면 조금 더 타고 있어야 할까

선택은 늘 이른 후회와
늦은 안도로 흘러간다

누군가는 말했지
돌아가는 길이
오히려 낭만일 수 있다고

그 말, 이제는 조금 알 것도 같다

11월의 봄

있을 수 없는 일이다

다시 태어나도
11월에 봄은 오지 않는다

겨울은 단 한 번도
봄에 피는 꽃에게
시간을 내준 적 없으니까

그런데도 나는
한겨울 낡은 화분에
너라는 씨앗을 묻고
얼어붙은 흙을 뒤적인다

모순으로만 피어나는 향기를
한 번쯤은 맡아보려는
어리석은 생각—

차갑게 얼어붙은 계절 안에서
끝내 사라지지 않는
따스한 착각을 키운다

차갑게 식은 계절 속에서도
사랑은, 어쩌면
언제든 틔울 수 있는 착각이기에

나는 오늘도
11월의 봄을 기다린다

제3부

이 밤을 놓지 말아요

오늘도 누군가를 기다리는 마음이
이 밤을 견디게 한다

그래도, 우리

불안은
마음이 어디론가 가고 싶다는 신호래

너무나 간절한 마음이
갈 길을 몰라 헤매다
결국, 불안이라는 얼굴로
나에게 조용히 속삭인대

나는 아무것도 할 수 없을 거라 믿었지만—

그래도,
그래도 말이야
아직은 희망이 있다고 믿는다면

우리,
함께 저 빛에 닿아보자

비 오는 날의 쓸쓸함

어제와 크게 다를 바 없는 하루인데
어쩐지 음악마저 축 처진다
빗소리까지 더해져
집에 돌아오는 길이 낯설도록 멀게 느껴진다

문을 열고 들어왔는데
나를 반겨주는 이는 아무도 없네
텅 빈 방 안엔 비에 젖은 그림자 하나
오늘따라 더 깊은 쓸쓸함이 내려앉는다

기다리는 연락도 오지 않고
무언가, 누군가, 조금씩 멀어지는 기분
손을 뻗어봐도 닿지 않는 마음들이 있다

내 곁을 떠나는 것들에 익숙해져 가면서도
익숙해지지 않는 외로움
이렇게 비가 오는 날이면 더욱 또렷해진다

창문을 열어 빗소리를 들어본다
바람이 괜찮다고 오늘의 나에게 위로한다

그래, 어쩌면 조금 외로워도 괜찮다고
멀어진 마음들은 다시 돌아올 수도 있다고
내일의 나에게 속삭여본다

재회

그것이 이토록 어려운
두 글자일 줄은 몰랐다

그땐 몰랐다
지나고 나서야
비로소 깨달았다

조금이라도
무엇을 남겨두었더라면
아니,
무엇 하나라도 놓고 왔더라면

다시금 닿을 수 있는
작은 길 하나쯤은 남았을 텐데

잊힌 이름이
지나간 계절의 끝에서
다시 한번 불려지길 바라며

나는 오늘도 너에게 닿을
구실 하나를 조심스레 지어본다

오히려, 다행

그냥 도망치고 싶었던
그때의 나를 떠올린다

문제는 늘
생각이 너무 많아서라고 여겼지만

이제 와 생각해 보면
그 생각들 덕분에
나는 무너지지 않았다

끝까지 나를 설득하려 애쓰고
외면하지 않으려 했던 그 마음이
결국 나를 지켜냈다

그래,
어쩌면 생각이 많아서
참 다행인 걸지도 모른다

흔들려도
끝내 돌아오게 하는 힘은
늘 나에게 있었으니까

오히려 좋다—
이제는 그렇게 말할 수 있다

비 오는 날의 거리

우산 없이 비를 맞고 걷고 싶은 날이 있다
처음 만났던 그곳에
다시, 함께 가자고 말하고 싶다

말하고 싶은데 끝내, 삼킨다
잊히는 일 ―
그저 그렇게 흘러야만 하는 걸까

계속해서 네가 그리운 마음은
이제 집착이라 불러야 할까

내가 품은 이 바람은
결국, 욕심이었을까

그건, 사랑이었다

추하고 탁한 모습만
너는 기억하고 있을까

차갑게 등을 돌린 너에게
나는 조용히 매달렸다

사랑이란 이름 아래
자존심도 말끝도 무너뜨리며

누군가는 말했겠지
그건 집착이었다고

하지만 나는
지금도 망설임 없이 말할 수 있다

그건, 사랑이었다고

너를 향한 마지막 문장이

비록 떨리고 부서졌더라도
그 진심만은 누구보다 단단했다고

그건, 사랑이었다고
이제는 너에게 말할 수 있다

우리만 기억하는 계절

그 시절의 우리는
이제 우리만 기억하니까

함께한 날들
함께 걸은 거리들

지금은 다 지나갔지만
그 모든 순간을
우리는 아직 말할 수 있다

다른 누구도 모르는
우리만의 계절이니까

지금은 멀어진 우리에게도
우리만의 계절이 있다
그 시절만큼은
아직 우리 둘의 것이다

어쩌면 우리는

어디까지가 사랑이고
어디부터가 사랑이 아닐까

경계 위에 선
너와 나

확신이 없다고 말하던 너의 말에
나는 이미 우리의 끝을 읽었다

반 년은 길다며 세 달, 한 달
점점 짧아지는 약속 속에서
우리는 조금씩 지워지고 있었다

어쩌면 처음부터 너와 나는
다른 선 위에 서 있었는지도 모르겠다

시간을 멈춘다는 건

시간을 멈춘다는 건
어쩌면 너무 단순한
욕망일지도 모른다

그러나 숨이 가빠져
기억의 톱니바퀴마다
마모된 소리가 들릴 때면—

잠시라도,
초침이 넘어가는 그 작은 틈에
몸을 숨기고 싶다

닫힌 눈꺼풀 뒤에서
미세한 어둠이 식어 갈 때
천천히, 아주 천천히
나를 쓰다듬는 일

다시 흐르기 위해
한때 멈추어야 하는 것들

그 사실을 받아들일 때
시간은 비로소
나의 속도로 걷기 시작한다

마음의 끝에 남은 것

밤은 어김없이 찾아와
창문 틈 사이로 달빛을 흘리고
나는 그 아래에서
너에게 하지 못한 말들을 조용히 삼킨다

마주 보던 날보다
등 돌리던 밤이 더 또렷해
잊었다고 생각한 기억들은
늘 마지막에 남아
아픈 추억처럼 되돌아온다

달빛 아래 흔들리던 그림자
그 속엔 나만 있고
너는 끝내 오지 않았다
우리가 아닌
내가 남긴 밤이었다

쓸쓸함이란 말도
이젠 감당하기 어려워
너 없는 순간들이
이토록 오래 지속될 줄 몰랐지
달도 지고, 마음도 젖었다

그렇게 남은 것
조금은 흐릿한 네 목소리
잊혀지는 것 같아도
어느 밤, 다시 떠오르는
그 아련한 끝 한 조각

나무

유독 조용한 하루
거리도 한산했고
사람보다 나무가 더 많이 말을 걸어왔다

영화의 한 장면처럼
모든 것이 멈추고
세상에서 오직 나만 움직이는 기분

시간이 멎은 듯한 그 순간
나는 문득,
어디로 가야 할지 알 수 없었다

빛도 소리도 흐르지 않는
고요한 공간 안에서
내 그림자만이
천천히 ― 아주 천천히
나를 향해 걸어왔다

후유증

잊었다 생각했는데 잊히지 않았고
조용히 지워진 줄 알았던 너는
여전히 내 마음 한구석에 머물고 있었다

어느 계절의 한 자락처럼
선명하진 않아도
쉽게 지워지지 않는 이름

어쩌면 우리는
끝난 사이가 아니라
끝내지 못한 이야기였는지도 모른다

남아 있는 건
아름다운 추억이 아니라
지워지지 않는
감정의 후유증이었다

그래서일까—

이제는 다정함 뒤에 남겨질
또 다른 후유증이 겁이 나서
시작조차 망설이게 된다

이 밤을 놓지 말아요

하늘이 주황빛으로 물들고
시간이 지나
내가 서 있는 이 숲에도 어둠이 깔려
내가 서 있는지조차 알 수 없을 때

그때가 와도, 나를 놓지 말아요

잊혀 가는 기억 속에
기억 저편, 바래져 가는 그 어귀에
내가 머문다 해도
나의 목소리가 바람에 흩어지고
너의 눈빛이 계절 저편으로 스며들어도

우리라는 그림자가
아직, 저 달 아래 머문다면
가장 따뜻했던 장면 하나쯤은
당신의 마음 어딘가에 살며시 남아 있기를

사랑했던 그 순간만은
가장 빛났던 그 장면만은
당신 마음 어딘가에 조용히 남아 있기를

부디, 이 밤을 놓지 말아요

너라는 하루

어떤 날은 하루 종일 네 생각에
아무것도 손에 잡히지 않는다

무언가를 하려다
자꾸만 멈추고
조용히 네 얼굴을 떠올린다

그럼에도 나에게
가장 중요한 것은
할 일도, 계획도 아닌

너의 마음을
조금이라도 더 가까이 얻는 일이다

그 어떤 성취보다
누구의 시선보다
네 마음이 내게 머무는 순간을—

그 짧은 눈 맞춤 하나가
내 하루를 모두 덮고도 남을 만큼
나에겐 커다란 전부가 된다

기다렸더니 왔네요, 봄

기다렸더니 왔네요, 봄
이제 당신이 올 차례예요

다 알고 있어요

그대는 감추려 했지만
나는, 다 알고 있었어요

끝내 나와는 다른 마음을
조심스레 이야기하는 그 모습 속에서도

나는 미움보다
그래도 진심을 말해준 게
고마웠습니다

아, 멀어지네요
그렇게 또 멀어지네요

천천히, 봄처럼

천천히 싹을 틔우는 봄처럼
빠르진 않지만 뿌리가 깊어지도록 짙은 감정
가볍지 않게 그러나 무겁지도 않게
짙어지는 마음 하나 조용히 내 안에 머문다

돌아보니 남은 건 애틋함

돌아보면 바람이 지나간 자리에
애틋함만 가만히 앉아 있다
스친 손끝의 체온도
잊힌 계절의 숨결도
모두 흐릿해졌는데
문득 떠오른 네 이름이
잿빛 하늘에 작은 불씨로 남아
내 마음을 기울인다
남은 건 애틋함—
그 한 조각으로 오늘을 버틴다
메마른 마음 틈새로
가느다란 물줄기처럼 스며들어
다시 숨을 틔우게 하는 힘

멀어진 거리가 아무리 깊어도
이 여린 기억은 꺾이지 않는다
적막한 밤을 지나
새벽빛에 다시 피어오를 것을 믿으며

어둠 뒤편에 숨은 미동의 별빛이
다시 길을 짚어주리라 믿으며
고요 속에서도 마음은 걸음을 멈추지 않는다
그 걸음마다 네 그림자가 앉아
잔잔한 파문처럼 번져간다
사라진 뒤에도 맑게 울리는 작은 종소리처럼

지나가는 바람마저 노래한다

분명히 슬픈 노래라 말했지
가사는 봄비처럼 젖어 있는데
반짝이는 멜로디가 창문을 두드려 마음을 불러낸다

우울의 두께 위에 햇살이 얹히듯
이상하게 가벼워진 숨
끝내는 희망이 후렴에 살짝 스며 있어
울컥한 눈물도 박자를 따라 흔들리고
슬픔이라 명명했지만 들릴 때마다
고개가 저절로 리듬을 그린다

어쩌면 음악은 그림자에 틈을 내는
작은 균열일지도 몰라
그 틈을 통해 빛 한 줄기 들어오고
나는 그 빛에 눈을 가늘게 뜨며
모든 것이 좋다고 말한다

기다림이 당신에게 닿으면

그리워한 만큼
그리워한 날만큼
다시 만날 수 있다면
나는 망설이지 않을 거예요
계절이 몇 번이고 돌아와도
괜찮다고 나는 말할 수 있어요
당신을 향한 마음은
줄어들지 않고
더 조용히 깊어졌으니까요
하루가 지나면
하루만큼 더,
그리움은 단단해지고
흐릿해질 거라 믿었던 얼굴은
되려 더 선명하게 꿈속에 머물고
당신이 내게 남긴 말 한 조각
그 잔향이 아직도 하루를 이끌어요
시간이 흘러도 그 마음 하나로
나는 계속 살아져요

다시 만날 수 있다는 믿음만으로
견뎌지는 밤이 있다는 걸 당신은 알까요
한없이 기다릴 수 있어요
그 기다림이 당신에게 이어진다면

시를 쓰는 밤

이 밤도 시를 핑계로 글을 쓰다
너의 얼굴을 떠올려본다
너의 그 선한 웃음이 바쁜 일상에 묻혀
잠시 잊혀가는 시기에
나는 또 새벽잠을 달래 가며 시를 쓴다

너를 생각할 수 있기에 나는 시를 쓰고
너를 사랑하기에 핑계 하나 늘려본다
그렇게 나는 시를 사랑한다

시를 쓰는 밤, 이 밤이 영원하기를

나에게 완벽한 하루

스쳐 지나간 시간만큼
깊다면 깊고
짙다면 짙은 감정선이
조용히 내 안을 흘러간다

나에게 완벽한 하루란 별것 아니야
그저 너와 함께하는 모든 순간이지

미래 따위는 보이지 않던 나의 세상에
이렇게 웃음꽃이 피다니
정말, 믿기 어려운 일이지

누군가가 내게 온다는 건
하루의 구조가 바뀌고
익숙한 고독의 리듬이 깨진다는 것

그건,
내 세상이 완전히 달라진다는 말이야

너라는 변수 하나가 생긴 것만으로
햇살이 같은 창으로 들어와도
온도가 달라졌고
내가 웃고 있는 이유를
굳이 말하지 않아도 되는 날

나는 조심스레 이 마음을 쥐고
또 하루를 살아간다
이 설렘이 오래 머물기를 바라면서

여전히 기다림 끝에 서 있다면

여전히 기다림 끝에 서 있다면
그 길이 너무 외롭지 않기를

애써 붙잡으려 하지 않아도 돼요
닿을 인연이라면 닿을 테고
돌아올 사람이라면 돌아올 테니

그저 당신의 자리에 머물며
가만히 숨을 고르면 돼요
모든 것은 때가 되어
자연스레 당신을 찾아올 테니까요

작별을 건넵니다

달의 끝자락에 손을 얹고
나는 오늘 작별을 건넵니다

마음의 뒤뜰에 핀 작은 불빛 하나
그대의 이름을 부르면
이내 바람이 되어 꺼져버리지요

밤은 언제나 말 대신 침묵으로
별빛은 잊힌 대답처럼
멀리서만 반짝이죠

말하지 못한 안녕은
우산 속에 숨어 있다가
비가 그친 후에야 젖은 그림자로 남아요

그래서 이제야 말해요
그대라는 계절을 다 살고
이별이란 단어를 피워냅니다

조용히, 가장 아름다운 시간에
마지막 마음을
작별을 건넵니다